Eva Maria Schmitt

Leitlinien zum Umgang mit Verwirrten

Schwierigen Situationen sicher begegnen

unter Mitarbeit der Hauspflegerinnen
der Gemeinden Alt-Buckow
und Hephatan-Britz sowie der
gerontopsychiatrischen
Fachkraft Frau Christine Fehrmann

Eva Maria Schmitt

Leitlinien zum Umgang mit Verwirrten

SCHWIERIGEN SITUATIONEN SICHER BEGEGNEN

Vincentz Verlag

Die Deutsche Bibliothek – CIP Einheitsaufnahme

Schmitt, Eva Maria:
Leitlinien zum Umgang mit Verwirrten : Schwierigen Situationen sicher begegnen / Eva
Maria Schmitt. – Hannover : Vincentz, 1999
  (Reihe Demenz)
  ISBN 3-87870-612-X

© Vincentz Verlag, Hannover 1999

Gestaltung: Christoph Nawrotzki, Hannover
Druck: AALEXX GmbH, Burgwedel

ISBN 3-87870-612-X

Inhaltsverzeichnis

Einleitung

Die Leitlinien zum Umgang mit psychisch beeinträchtigten älteren Menschen im ambulanten Bereich entstanden im Rahmen eines Projektes, das von der Senatsverwaltung für Gesundheit und Soziales von Berlin finanziert und an der Sozialstation Britz-Buckow in Berlin durchgeführt wurde. Das Projekt sollte aufzeigen wie die ambulante Versorgung von psychisch kranken älteren Erwachsenen verbessert werden kann. Ein Schwerpunkt wurde darauf gelegt herauszufinden, was für eine Unterstützung Hauspflegerinnen (so werden in Berlin die Mitarbeiterinnen genannt, die Grundpflege und hauswirtschaftliche Verrichtungen im ambulanten Bereich durchführen) brauchen, um die schwierige Pflege durchzuführen. Das Projekt hat unter anderem gezeigt, dass viele Hauspflegerinnen zwar dezentrale Kurse über psychische Krankheiten im Alter besucht haben, die Übertragung des Gelernten in den beruflichen Alltag aber nicht immer einfach ist.

Da wenig Material zur Betreuung von psychisch kranken älteren Erwachsenen in der eigenen Wohnung zu Verfügung steht, erledigen Hauspflegerinnen ihre Arbeit meist ohne auf fachliche Hilfe zurückgreifen zu können. Alleine mit den Patienten in der Wohnung müssen sie in schwierigen Situationen schnell und selbstverantwortlich reagieren. Für Hauspflegerinnen kann diese Situation schwierig sein. Der Arbeitsauftrag von Hauspflegerinnen umfasst in der Regel grundpflegerische und hauswirtschaftliche Verrichtungen. Sind nun die Hilfeempfänger psychisch beeinträchtigt, ist der Arbeitsauftrag oft nur zu erfüllen, wenn die Hauspflegerin in einer bestimmten Art und Weise mit dem Patienten umgeht und kommuniziert. Da Hauspflegerinnen therapeutisch nicht ausgebildet sind, können ihre Aufgaben keinesfalls sein, das Verhalten des Patienten zu ändern. Das Projekt hat jedoch gezeigt, daß bestimmte Verhaltens- und Kommunikationsweisen seitens der Hauspflegerinnen helfen, den ursprünglichen Arbeitsauftrag besser durchführen zu können.

Viele psychisch kranke ältere Erwachsene können nur dank der Hilfe durch Hauspflegerinnen in der eigenen Wohnung leben. In vielen Fällen entstehen enge Verbindungen zwischen Hauspflegerin und Patient und manche

Hauspflegerin hat sich regelrecht zur Expertin im Umgang mit ihren Patienten entwickelt.

Mit den vorliegenden Leitlinien, die in enger Zusammenarbeit mit erfahrenen Hauspflegerinnen der Berliner Diakonie Station Britz-Buckow entstanden sind, soll dieses Expertenwissen auch für Andere nutzbar werden. Die Leitlinien bestehen aus einer Sammlung von typischen schwierigen Situationen verbunden mit bewährten Verhaltensvorschlägen. Sie sollen anderen Hauspflegerinnen helfen, in den alltäglichen Situationen mit psychisch kranken Älteren besser zurechtzukommen. Manche Hauspflegerin hat berichtet, daß sie die Leitlinien immer in der Tasche hat, um gegebenenfalls nachzusehen, wenn sie einmal nicht mehr weiter weiß.

Viele der in den Leitlinien beschriebenen Situationen treten auch im stationären oder teilstationären Bereich auf. Die Leitlinien sind also durchaus auch als Hilfestellung für Mitarbeiterinnen in Heimen und Tagesstätten geeignet.

Verhaltensweisen von psychisch kranken Älteren sind sehr vielfältig. Natürlich kann mit den Leitlinien nur ein kleiner Teil von möglichen Verhaltensweisen abgedeckt werden. Die Leitlinien können aber das Team einer Sozialstation oder einer Abteilung eines Heimes dazu anregen, für die Pflege ihrer Patienten entweder die Vorschläge der Leitlinien zu diskutieren und zu übernehmen oder selbst bewährte Verhaltensweisen niederzuschreiben. Wichtig ist, dass die Vorschläge sich direkt auf das Verhalten des jeweiligen Patienten beziehen und ganz konkret und leicht verständlich sind. Die Leitlinien, bei denen Wert auf eine einfache Sprache gelegt wurde, können dabei als Vorlage dienen. Sie sollen einem Team in einer Sozialstation helfen eine Pflegeplanung zur einheitlichen Umgangsweise mit den Patienten zu formulieren. Es empfiehlt sich auch immer mal wieder zu überprüfen, ob die ursprüngliche Planung zum günstigen Verhalten noch geeignet ist oder ob eine neue Herangehensweise überlegt werden sollte.

Die in den Leitlinien gemachten Verhaltensvorschläge können unverständlich sein, wenn die Hintergründe des Patientenverhaltens nicht bekannt sind. Warum z. B. soll ein Patient, der offensichtlich falsche Dinge sagt, nicht direkt verbessert werden?

Die Ausführungen von Dr. Wojnar erklären die verschiedenen Krankheitsbilder. Sie sind als Vorlage für eine gemeinsame interne Fortbildung oder für alle Interessierten, die ihr Wissen über psychische Krankheiten im Alter auf-frischen oder vertiefen wollen, geeignet. Aus den Erfahrungen des Projek-tes lässt sich auch die Empfehlung ableiten, dass es zusätzlich zu dezentra-len Fortbildungen auch hilfreich ist, wenn die Sozialstation bzw. das Heim selbst Fachleute (z. B. aus der Psychiatrie oder niedergelassene Nervenärz-te) einlädt, um Krankheitsbilder zu erläutern und schwieriges Verhalten zu besprechen.

Neben den Hauspflegerinnen haben auch Krankenpflegerinnen, Sozialar-beiterinnen, Angehörige und andere Fachleute berichtet, von den Leitlinien im Umgang mit psychisch kranken Älteren profitiert zu haben.

Ich hoffe, dass die Leitlinien für viele ein Handwerkszeug werden, mit dem sicher nicht alle – aber zumindest viele – Situationen im Umgang mit psy-chisch kranken älteren Erwachsenen leichter zu bewältigen sind.

Bei der Senatsverwaltung für Gesundheit und Soziales Berlin bedanke ich mich für die finanzielle Unterstützung des Projekts und bei den Mitarbeite-rinnen der Diakoniestation für ihre Mitarbeit und Offenheit für Neues.

Eva Maria Schmitt

🖒 Hinweis:
In diesem Buch wird darauf verzichtet, sogenannte „geschlechtsneutrale" Formulierungen (wie etwa: PatientIn oder Pfleger/in) zu verwenden. Diese Entscheidung dient der besseren Lesbarkeit und soll keineswegs den Ein-druck erwecken, dass der nicht unerhebliche Anteil von Männern in diesem Bereich vergessen worden ist.

Psychische Beeinträchtigung im Alter

Dr. Jan Wojnar, Hamburg

Gerontopsychiatrische Schwierigkeiten

Die Betreuung alter Menschen mit psychischen Störungen stellt hohe Anforderungen an alle Beteiligten. Anders als die psychiatrischen Krankheitsbilder des jungen und mittleren Erwachsenenalters, mit oft sehr eindrucksvollen Symptomen (Krankheitszeichen) und deutlich von den sozialen Normen abweichenden Verhaltensmustern, verwischen sich die pathologischen, krankhaften Veränderungen psychischer Funktionen im Alter häufig mit physiologischen (also „nur" altersbedingten) Beeinträchtigungen. Oft werden die krankhaften Veränderungen durch somatische Erkrankungen verdeckt oder sie sind von den Nebenwirkungen der verabreichten Medikamente kaum unterscheidbar.

Eine zuverlässige Beurteilung und diagnostische Zuordnung der möglichen psychischen Störungen erfordert deshalb von den Betreuern besondere gerontopsychiatrische Kenntnisse und eine sehr gute Beobachtungsgabe. Notwendig ist:

❖ Unterscheidung zwischen physiologischen und pathologischen Veränderungen der psychischen Funktionen im Alter,
❖ Erkennen von iatrogenen (durch ärztliche Einwirkung entstandene), organischen und psychischen Ursachen der Störungen,
❖ Beachtung des „Verblassens" bzw. der Veränderungen der typischen Krankheitssyndrome im Alter,
❖ Berücksichtigung der psychischen Multimorbidität im Alter (z. B. gleichzeitiges Auftreten von Symptomen der Demenz, der Depression und des Delirs usw.) und
❖ Berücksichtigung der somatischen Multimorbidität und aller mit ihr verbundenen Beeinträchtigungen der körperlichen Funktionen.

In diesem Kontext wird deutlich, dass nur Bezugspflege der Kompliziertheit der gerontopsychiatrischen Störungen angemessen ist. Häufig wechselnde Betreuer werden zufällig mit einzelnen Symptomen der psychischen Störungen konfrontiert und sind dann mit deren Zuordnung zu einem Krankheitskontinuum überfordert. Der Kranke wird durch die Brille einer bekannten Diagnose betrachtet, was oft zu einer falschen Bewertung der neu aufgetretenen Symptome führen kann.

Einfluß des physiologischen Alterns auf die psychische Gesundheit

Die normalen Vorgänge des Alterns beeinträchtigen zunehmend die Mobilität und die Sinneswahrnehmungen und begünstigen die Entstehung von multiplen psychischen Störungen. (Lazarus et al. 1992)

Einschränkung der Mobilität führt zu einer verminderten Ausschüttung von körpereigenen Opiaten (Endorphinen) und erzeugt so eine depressive Verstimmung. Die Abnahme der körperlichen Leistungsfähigkeit kann die Angst vor Überfällen und deren möglichen Folgen schüren, den Betroffenen am Verlassen seiner Wohnung hindern und eine zunehmende soziale Isolation fördern. Die wiederum wird häufig als Ursache von Wahnvorstellungen und Depressionen angesehen.

Einschränkungen der Sehkraft begünstigen insbesonders bei einer schlechten Beleuchtung illusionäre Verkennungen, die als Vorstufen der optischen Halluzinationen gelten. Bei Schwerhörigkeit wird dagegen häufig die Neigung zu Beziehungsideen und paranoiden Reaktionen (das Gefühl, zum ausschließlichen Objekt der negativ gefärbten Gespräche gemacht zu werden) beobachtet, die ebenfalls zu einer Isolation mit ihren Folgen führt.

Starke Abnahme des Geruchssinn begünstigt die Vernachlässigung der körperlichen Hygiene und eine allgemeine Verwahrlosung. Die Betroffenen gefährden auch sich und andere, weil sie z. B. das angebrannte Essen auf dem Herd oder kleine Brandherde (z. B. eine brennende Zigarette im Bett) nicht riechen. Die Beeinträchtigung des Geschmackssinns mit einer Betonung des Bitteren und Sauren, sowie eine euphorisierende Wirkung des Fastens bedingen die Appetitlosigkeit. Das fehlende Durstgefühl führt zur Dehydratation (Austrocknen des Körpers) und zu akuten Verwirrtheitszuständen.

Durch die Verschiebung der Wasser- und Fettanteile im alternden Körper (bei einem 75jährigen etwa 15% weniger Wasser und 20% mehr Fettgewebe im Vergleich zu einem 30jährigen), Abnahme der Filtrationsleistung der Nieren (bis zu 50%) und der Leberfunktion, verändert sich auch die Verteilung und die Wirkung der meisten Medikamente mit einer zunehmenden Gefahr von deliranten Symptomen (siehe Seite 14) bei bereits therapeutisch empfohlenen Dosierungen (z. B. Riederer et al. 1992).

Eine rechtzeitige Versorgung mit entsprechenden Hilfsmitteln (z. B. Gehwagen, Brille oder Hörgerät), eine altersgerechte Gestaltung der Umgebung, Sorge um regelmäßige körperliche, soziale und geistige Aktivitäten sowie ein sorgfältiger Umgang mit den Medikamenten gehören deshalb zu den wichtigsten Maßnahmen zur Prophylaxe psychischer Störungen im Alter.

Psychische Störungen im Alter

Zu den häufigsten gerontopsychiatrischen Krankheitsbildern gehören:

- ❖ Delir,
- ❖ Demenz und
- ❖ Depression.

Sucht, Manie und Wahn werden deutlich seltener beobachtet.

Typisch ist die Ähnlichkeit der Symptomatik bei unterschiedlichen Erkrankungen, so dass eine genaue Diagnose meistens nur anhand einer längerfristigen Beobachtung und nur selten nach einer einmaligen Untersuchung des Kranken gestellt werden kann (so wird z. B. schwere Depression nicht selten als Demenz verkannt, sog. depressive Pseudodemenz). Häufig werden auch die Krankheitsbilder durch zusätzliche Symptome kompliziert (z. B. Demenz mit Wahn, Depression mit Wahn) oder mehrere psychische Störungen gleichzeitig beobachtet (z. B. Demenz mit Delir und Depression, Depression und Delir usw.). Einige somatische Erkrankungen im Alter erzeugen typischerweise psychische Störungen, die als eine verständliche Reaktion auf die körperliche Beeinträchtigung mißverstanden und nicht fachgerecht behandelt werden. Dazu gehören z. B. major Depressionen und Demenzen bei M.Parkinson, schwere Depressionen nach Schlaganfällen, Demenz bei Hypothyreose (herabgesetzte Tätigkeit der Schilddrüse) u.v.m.

Die Symptomatik erlaubt meistens keine Schlüsse auf die organischen Ursachen der Störung (z. B. Delire bei fieberhaften Erkrankungen, Dehydratation, Stoffwechselstörungen u. a. können in ihrer Symptomatik identisch wirken). Eine ausführliche klinische, laborchemische und apparative Abklärung ist deshalb immer notwendig.

Delir

Das Gehirn gehört zu den besonders gefährdeten und sehr empfindlich auf alle Veränderungen reagierenden Organen. Seine Blutversorgung wird im Alter um etwa 20% reduziert. Hinzu kommt eine schlechtere Sauerstoffsättigung des Blutes, die Einschränkung des Herzausstoßes in Ruhe um ca. 30% und andere Beeinträchtigungen des Kreislaufs, die zusammen zu einer deutlichen Verschlechterung der Versorgung des Gehirns mit Sauerstoff und Nährstoffen führen. Schon diskrete Störungen der körperlichen Funktionen, die mit einem erhöhten Energiebedarf der Nervenzellen verbunden sind, wie z. B. fieberhafte Erkrankungen oder Nebenwirkungen der Medikamente, können eine merkbare Veränderung der Hirnfunktion mit ausgeprägten psychischen Störungen verursachen.

Eine globale Störung aller kognitiven Funktionen, mit einem raschen Beginn, fluktuierendem Verlauf und einer Gesamtdauer von einigen Tagen bis Wochen wird als Delir (akuter Verwirrtheitszustand) bezeichnet.

Zu den diagnostischen Hauptmerkmalen eines Delirs gehören:

❖ verminderte Fähigkeit, die Aufmerksamkeit gegenüber äußeren Reizen aufrechtzuerhalten,
❖ verminderte Fähigkeit, die Aufmerksamkeit in angemessener Weise auf neu auftretende Reize zu richten,
❖ Denkstörungen, wie z. B. Weitschweifigkeit,
❖ belanglose Sprache,
❖ Beeinträchtigung des Bewußtseins,
❖ Wahrnehmungsstörungen bis zu akustischen, optischen und haptilen (den Tastsinn betreffend) Halluzinationen,
❖ Störungen des Schlaf-Wach-Rhythmus,
❖ psychomotorische Unruhe, häufig im Wechsel mit Apathie und Somnolenz (Schläfrigkeit),
❖ Desorientiertheit zu Zeit, Ort, Situation oder Person und
❖ Gedächtnisstörungen (Wittchen et al. 1989).

Relative Vergiftungen mit Medikamenten (Überdosierung z. B. bei einem Albuminmangel) gehören zu den häufigsten Ursachen eines Delirs im Alter (Hoffmann und Faust 1983). Ca. 17% aller Akutaufnahmen in den geronto-psychiatrischen Abteilungen sind auf die Nebenwirkungen der Medikamente zurückzuführen. Bei einer rechtzeitigen Behandlung der organischen Ursachen des Delirs werden über 95% der Betroffenen geheilt und bleiben frei von psychischen Auffälligkeiten.

Zu den wichtigsten therapeutischen Faktoren bei der Behandlung eines Delirs gehören:

❖ eine übersichtliche, ruhige und freundliche Umgebung mit einer möglichst engen und persönlichen Betreuung,
❖ Vermeidung von Fixierungen und ähnlicher freiheitsentziehender Maßnahmen (die u. U. Halluzinationen und Unruhe provozieren können),
❖ Beschränkung der Therapie mit Psychopharmaka auf ein notwendiges Minimum und
❖ Aufklärung der Angehörigen über die Ursache der Störung und den Umgang mit dem Kranken (Kisker et al. 1989).

Demenz

Als Demenz wird eine erworbene, durch somatische Erkrankungen bedingte, globale Störung aller höheren (kognitiven) Hirnfunktionen bezeichnet, die nicht auf andere psychische Erkrankungen (insbes. sog. endogene Psychosen wie Schizophrenie oder major Depression) oder akute Verwirrtheitszustände (Delir) zurückzuführen ist und chronisch verläuft.

Die Demenzkranken leiden unter den Störungen:

❖ der Gedächtnisfunktionen mit der Unfähigkeit, Neues zu lernen und die früher im Langzeitgedächtnis gespeicherte Informationen willkürlich abzurufen
❖ der intellektuellen Leistungen mit einer zunehmenden Unfähigkeit abstrakt zu denken, Entscheidungen zu treffen, sich mit ihrer Umgebung sprachlich zu verständigen (Aphasie) und die alltäglichen Handlungen auszuführen (Apraxie).

Diese Störungen werden begleitet von:

❖ einer Veränderung der Persönlichkeit (z. B. einer Abnahme früherer Interessen, einer Akzentuierung der primären Persönlichkeitszüge, einer allgemeinen Enthemmung usw.),

❖ einem Verlust der Kontrolle über emotionale Äußerungen mit einem unmotivierten plötzlichen Weinen, Lachen oder Wutausbrüchen (sog. Affektinkontinenz) und

❖ zahlreichen Verhaltensauffälligkeiten wie Agressivität, ausgeprägte psychomotorische Unruhe, paranoide Ängste, Schreien, Schmieren mit Exkrementen usw.

Abhängig von der Ausprägung der Störungen und somit vom Ausmaß der Hilfsbedürftigkeit der Betroffenen, werden die Demenzen in leichte, mittelschwere und schwere unterteilt.

Eine leichte Demenz kann vorliegen, wenn

❖ aktuelle Ereignisse bzw. kürzlich mitgeteilte Informationen zeitweilig oder ganz vergessen werden,

❖ die Orientierung zur Zeit oder Ort manchmal beeinträchtigt ist und

❖ bei der täglichen Lebensführung häufiger Fehler oder Irrtümer auftreten.

Wenn dagegen:

❖ kürzliche Erlebnisse kaum noch erinnert werden,

❖ die Kranken zeitlich und örtlich desorientiert sind,

❖ eine selbstständige Lebensführung nicht möglich ist und bei den alltäglichen Verrichtungen fremde Hilfe benötigt wird,

handelt es sich – abhängig vom Ausprägungsgrad der Störungen um eine mittelschwere oder schwere Demenz.

Demenz entsteht in etwa 60% aller Fälle als Folge der Alzheimer-Krankheit (eine primär degenerative Erkrankung des Gehirns mit Zerstörung der Nervenzellen), in ca. 20% durch vaskuläre Erkrankungen des Gehirns. Bei ca. 10% der Kranken finden sich beide Störungen (sog. Mischform) und bei weiteren 10% sind die psychischen Veränderungen auf Erkrankungen zurückzuführen, die behandelt werden können (z. B. Hypothyreose, Normal-Druck-Hydrozephalus usw.), sog. behandelbare Demenzen (Möller und Rohde 1992).

Der Verlauf einer Demenz ist durch viele Faktoren bestimmt (z. B. Begleitkrankheiten, soziale Situation des Kranken, seine Primärpersönlichkeit, frühere körperliche und geistige Aktivitäten, Ernährung usw.) und variiert stark von Person zu Person. Eine für einzelne Demenzerkrankungen (z. B. M. Alzheimer, M. Pick, vaskuläre Demenz usw.) typische zeitliche Reihenfolge der Störungen und Verhaltensauffälligkeiten lässt sich deshalb nicht feststellen. So ist es anhand von den beobachteten Symptomen nicht möglich, die ursächliche Demenzerkrankung zu diagnostizieren.

Im Verlauf einer Demenzerkrankung werden häufig psychiatrische Symptome beobachtet, die nicht allein durch Störungen der Gedächtnisfunktionen und der intellektuellen Leistungen erklärt werden können, sog. Sekundärsymptome der Demenz. Dazu gehören:

❖ Wahnvorstellungen,
❖ optische und akustische Halluzinationen,
❖ Panikattacken,
❖ Depressionen, die nicht als Reaktion auf ein zunehmendes Versagen zu erklären sind,
❖ ausgeprägte Störungen des Schlaf-Wach-Rhythmus mit einer zunehmenden Fragmentierung der Aktivitäten,
❖ psychomotorische Unruhe mit Fortlauftendenzen, „Wandern" und „Sundowner-Syndrom" (Unruhe und Verwirrtheit am späten Nachmittag und in den frühen Abendstunden),
❖ aggressive Ausbrüche mit verbalen und tätlichen Angriffen,
❖ regressives, unangebrachtes Verhalten (z. B. sich ausziehen, schmieren mit Exkrementen, Schreien, ständige Suche nach Zuwendung und Nähe) und viele andere Auffälligkeiten.

Viele dieser Störungen entstehen durch die Verkennung der Situation, eine gestörte Selbstwahrnehmung der Kranken (die sich oft für jung, gesund und selbständig halten) oder sind auf falsche Reaktionen der Umgebung zurückzuführen. Bevor sie mit Psychopharmaka behandelt werden, ist deshalb immer eine sehr ausführliche diagnostische Abklärung der möglichen Ursache notwendig. Ca. 60% aller Sekundärsymptome lassen sich mit den Mitteln der Milieutherapie schonend und ausreichend behandeln (Wächtler et al. 1996). Die Milieutherapie soll den Demenzkranken ein menschenwürdiges, der persönlichen Lebensgeschichte angepasstes und vom pathologischen Stress befreites Leben trotz der zunehmenden kognitiven Störungen ermöglichen.

Mit einer abnehmenden Fähigkeit der Demenzkranken, sich ihrer Umwelt anzupassen, wächst die Bedeutung einer flexiblen „prothetischen" Umgebung des „Milieus". Dazu gehören:

❖ eine dementengerechte Gestaltung der materiellen Umgebung (übersichtlich, hell, maximale Bewegungsfreiheit gewährleistend, alle Sinne angemessen stimulierend, wohl temperiert, angenehm duftend, ohne Krankenhaus- oder Institutionscharakter, mit Orientierungshilfen ausgestattet, die Besuche der Angehörigen fördernd usw.),
❖ ein organisatorischer Rahmen (d.h. bei der Organisation der Arbeitsabläufe stehen die Belange der Demenzkranken im Vordergrund und die Tagesstruktur richtet sich nach den individuellen Gewohnheiten und Vorlieben der Kranken und nicht nach den institutionellen Zwängen. Der Tagesablauf soll an die häuslichen Normalitäten erinnern und die Betreuer mit den Kranken „wohnen", also sie bei allen alltäglichen Aktivitäten begleiten und unterstützen, eine Überversorgung aber auch Unterforderung vermeidend.) und
❖ therapeutischer Umgang mit den Kranken (ermöglicht werden soll eine möglichst normale und selbständige Lebensführung trotz aller krankheitsbedingten Einschränkungen. Die Demenzkranken werden nicht „behandelt" oder „gepflegt", sondern in ihren alltäglichen Verrichtungen unterstützt und durch angepaßte Beschäftigungsangebote aktiviert. Die Voraussetzungen hierfür bieten genaue Kenntnisse der Lebensgeschichte des Kranken und das Erkennen und Anerkennen seiner momentanen Wirklichkeit und seiner Selbstwahrnehmung).

Psychopharmaka sollen nur in Ausnahmefällen, zur Linderung des Leidensdruck der Kranken und immer nach dem Prinzip „start low and go slow" (d.h. sehr niedrige Anfangsdosierung und schleichende Erhöhung bis zu einer minimalen therapeutisch wirksamen Dosis) verabreicht werden. Die Betreuer müssen genau über mögliche Nebenwirkungen und Intoxikationszeichen (Vergiftung) informiert werden (Bauer 1994).

Depression

Unter Depressionen werden Erkrankungen des affektiven Erlebens (Gefühlslebens) verschiedener Ausprägung bezeichnet, die durch:

❖ Kernsymptome wie Dysphorie (Gereiztheit), Freudlosigkeit und Antriebsschwäche und
❖ akzessorische (hinzutretende) Symptome in Form von Konzentrationsstörungen, Störungen des Selbstwertgefühls, Schuldgefühle, negative Zukunftsperspektive, Suizidgedanken und -impulse, sowie Schlaf- und Appetitstörungen

gekennzeichnet sind.

Bei einer schweren (major) Depression liegen alle Kern- und mindestens vier akzessorische Symptome vor. Eine leichte (minor) Depression zeichnet sich durch mindestens zwei Kern- und zwei akzessorische Symptome aus. Die Störungen müssen mindestens zwei Wochen lang dauern, um eine depressive Episode zu diagnostizieren (Radebold et al. 1997).

Obwohl schwere (major) Depressionen im höheren Alter nicht häufiger auftreten als im mittleren Erwachsenenalter, leiden etwa 25% aller über 65jährigen unter depressiven Symptomen. Die Wahrscheinlichkeit einer depressiven Störung ist bei alten Menschen mit

❖ einer geringen Selbstschätzung,
❖ einer negativen Einstellung gegenüber dem Alter,
❖ mit einer Einschränkung der Mobilität und damit verbundener Abhängigkeit von fremder Unterstützung

deutlich höher als bei Menschen, die sich durch hohe Selbstschätzung, gute körperliche Gesundheit und verlässliche soziale Kontakte auszeichnen.

Depressionen im Alter werden häufig übersehen oder diagnostisch falsch zugeordnet. Besondere Schwierigkeiten bereiten auch einem erfahrenen Gerontopsychiater sog. „larvierte (maskierte) Depressionen". Die affektiven Störungen stehen hier nicht im Vordergrund (höchstens als eine unbestimmte Angst, moröse Gereiztheit oder auffällige Sorge um den eigenen Gesundheitszustand). Führend sind das Gefühl einer allgemeinen Körperschwäche, Müdigkeit und Erschöpfung sowie diffuse und kaum lokalisierbare Schmerzen (Kopf-, Hals-, Herz-, Oberbauch- und Unterbauchschmerzen). Der Betroffene glaubt fest an eine schwere somatische Erkrankung und drängt auf eine ausführliche Diagnostik und eine medikamentöse oder operative Behandlung. Schwere Depressionen können im Alter auch zu ausgeprägten Verhaltensstörungen führen besonders dann, wenn die Kranken in ihrer Alltagsversorgung stark von anderen Menschen abhängig sind. Häufig werden in solchen Fällen eine Regression (Zurückfallen auf kindliche Entwicklungsstufen) mit Anorexie (Verweigerung der Nahrungsaufnahme, Erbrechen, Schluckstörungen usw.), Harn- und Stuhlinkontinenz, Schmieren mit Exkrementen, lautem Schreien, Blutigkratzen, bes. nachts, Schlagen und Treten der Betreuenden, theatralischen Stürzen und aggressiver Auseinandersetzung mit der Umgebung beobachtet. Bei gleichzeitigen depressionsbedingten Denkhemmungen, Konzentrations- und Antriebsstörungen werden sie fälschlich als Demenz diagnostiziert (sog. „depressive Pseudodemenz").

Organische Depressionen unterscheiden sich in ihrer Symptomatik kaum von den major Depressionen. Sie werden deshalb entweder als eine „echte" major Depression verkannt, oder als eine verständliche Reaktion auf die Erkrankung (z. B. M. Parkinson oder Schlaganfall) falsch interpretiert bzw. hinter dem Bild der primären Erkrankung (z. B. M. Alzheimer oder Hypothyreose) gar nicht vermutet und behandelt.

Die Betroffenen erleben ihre Depression als eine unerträgliche Qual ohne Hoffnung auf eine Besserung und sind eigenen Verschuldens gewiss. Die Erkrankung bedeutet eine ständige Stressbelastung und führt zu einer erheblichen Störung des Immunsystems und einer zunehmenden körperlichen Hinfälligkeit und Einschränkung der Lebenserwartung. Besonders dann, wenn die Depressionen mit Wahnvorstellungen oder schweren Beeinträchtigungen des Körpererlebens verbunden sind, kommt es zu Suizidhandlungen (Selbstötungen). Ca. 15% der Kranken mit schweren und nicht ausreichend behandelten Depressionen sterben in Folge eines Suizids.

Das Suizidrisiko steigt deutlich mit dem Alter. Sensorische Deprivation (z. B. das Nachlassen der Sinneswahrnehmungen, Ausbleiben von anregenden Eindrücken, Fehlen taktiler Stimulation, chronische Schmerzen usw.), soziale Desintegration (z. B. Partnerverlust, „Wegsterben" des Freundeskreises, Wohnungswechsel, materielle Not, Verlust der früheren sozialen Rolle usw.) sowie narzistische Kränkungen (z. B. körperliches Altern, sozialer Abstieg, Verlust der Kompetenzen, Begrenzung des Macht- und Einflussbereiches, negative Bewertung des Lebensgeschichte usw.) erhöhen das Suizidrisiko erheblich. Besonders gefährdet sind über 75jährige Männer (bis zu 80 Suizide auf 100.000 dieser Gruppe im Vergleich zu ca. 20 pro 100.000 in der Durchschnittsbevölkerung).

Neben einer medikamentösen und psychotherapeutischen Behandlung der Depression ist der Versuch, alle o.g. Risikofaktoren zu berücksichtigen und zu verarbeiten zur Suizidprophylaxe unerläßlich. Das Thema „Suizid" darf nicht als ein Tabu gemieden werden, sondern muss in allen therapeutischen Kontakten angesprochen werden, was viele Kranke als entlastend empfinden. Bei einer krisenhaften Zuspitzung ist eine engmaschige Beobachtung und Betreuung der Betroffenen, u. U. in einer geschlossenen gerontopsychiatrischen Abteilung notwendig (besonders gefährdet sind alte Männer nach dem Verlust der Lebenspartnerin).

Wahnerkrankungen

Zu den typischen aber seltenen Wahnerkrankungen im Alter gehören Paranoia (sog. „Kontaktmangelparanoid") und Paraphrenie.

Paranoide Symptomatik zeigt sich als starkes Mißtrauen, Neigung zu Verdächtigungen der Umgebung und Wahnideen, die häufig auf die Wohnung des Betroffenen fixiert sind. Die Kranken vermuten, dass ihre Nachbarn oder Familienangehörige sie aus ihrer Wohnung vertreiben möchten, überall falsche Gerüchte mit sehr abfälligen Äußerungen verbreiten und Intrigen einfädeln. Sie fühlen sich beobachtet und glauben, dass alle über sie schlecht sprechen, sie bei den Behörden anzeigen usw.

Paranoide Symptomatik in Verbindung mit Halluzinationen wird als Paraphrenie bezeichnet. Typisch sind akustische Halluzinationen, körperliche Beeinflussungserlebnisse und olfaktorische (Geruchs-) Halluzinationen.

Parnoia und Paraphrenie werden häufiger bei Menschen mit Einschränkungen der sensorischen Funktionen (vor allem Schwerhörigkeit) und bei einer anhaltenden sensorischen Deprivation (z. B. Einsamkeit ohne einer Gelegenheit zu Gesprächen mit anderen Menschen) beobachtet. Zu den Risikofaktoren gehören auch Störungen der Gedächtnisfunktionen und der intellektuellen Leistungen. Frauen sind deutlich häufiger betroffen als Männer (Blonski et al. 1996).

Rechtliche Probleme

Artikel 2 Absatz 2 des Grundgesetzes (GG) garantiert jedem „... das Recht auf Leben und körperliche Unversehrtheit". Ärztliche Maßnahmen, die einen Eingriff in die Unversehrtheit des Körpers bedeuten (dazu gehört auch die Verabreichung jeglicher Medikamente), sind nur mit einer wirksamen Einwilligung des Betroffenen oder seines gesetzlichen Vertreters aufgrund einer ausreichenden Aufklärung über Chancen und Risiken vorgeschlagener Behandlung und über mögliche Alternativen zulässig (Laufs 1993). Ein einwilligungsfähiger Patient (mit oder ohne Betreuung), der in der Lage ist, die Bedeutung der Maßnahmen, ihre Konsequenzen und die Folgen einer Unterlassung zu ermessen, der erforderlichen ärztlichen Aufklärung zu folgen und sie entsprechend zu verarbeiten, darf nicht gegen oder ohne seinen Willen behandelt werden (mit Ausnahme der Fälle, wo besondere Bestimmungen einen Untersuchungs- und/oder Behandlungszwang vorsehen, wie z. B. BseuchG oder BgeschG).

Der behandelnde Arzt ist somit verpflichtet, vor dem Beginn einer Therapie die Einwilligungsfähigkeit des Patienten zu überprüfen. Entscheidend ist hier nicht die Geschäftsfähigkeit des Betroffenen, sondern seine natürliche Einsichts- und Steuerungsfähigkeit. Bei begründeten Zweifeln an der Entscheidungsfähigkeit des Betroffenen soll der Arzt eine Betreuung mit Aufgabenkreis „Gesundheitfürsorge" anregen. Betroffen sind vor allem Demenzkranke mit einer mittelgradigen oder schweren Ausprägung der Symptomatik, weil sie in Anbetracht eines meist hohen Alters und der damit verbundenen Multimorbidität häufig auf eine medikamentöse Behandlung oder andere ärztliche Maßnahmen angewiesen sind. Selbstverständlich ist bei durch Aufschub entstehender Gefahr die Durchführung von notwendigen ärztlichen Maßnahmen auch bei einwilligungsunfähigen Menschen notwendig und rechtlich zulässig.

Der Betreuer soll nicht über die Art der Therapie oder die Auswahl und die Dosierung der Medikamente entscheiden , sondern durch Fragen nach den vorausgegangenen diagnostischen Maßnahmen, der Indikation und den Nebenwirkungen der Behandlung zu einem nachdenklichen und umsichtigen Umgang mit Medikamenten, vor allem aber mit Psychopharmaka beitragen.

Literatur

Bauer, J. (1994): Die Alzheimer-Krankheit. Schatthauer-Verlag, Stuttgart, New York

Blonski, H. (Hrsg.) (1996): Wahn und wahnhafte Störungen im Alter. Ernst Reinhardt Verlag, München, Basel

Hoffmann, Ch., Faust, V. (1983): Psychische Störungen durch Arzneimittel. Thieme, Stuttgart, New York

Kisker, K.P., Lauter, H., Meyer, J.-E., Müller, C., Strömgren, E. (Hrsg.) (1989): Alterspsychiatrie. Springer-Verlag, Berlin, Heidelberg, New York

Laufs, A. (1993): Arztrecht. C.H. Beck Verlag, München

Lazarus, L.W. (Hrsg.) (1992): Grundzüge der Psychogeriatrie. Deutscher Ärzte-Verlag, Köln

Möller, H.J., Rohde, A. (Hrsg.) (1992): Psychische Krankheit im Alter. Springer-Verlag, Berlin, Heidelberg, New York

Radebold, H., Hirsch, R.D., Kipp, J., Kortus, R., Stoppe, G., Struwe, B., Wächtler, C. (Hrsg.) (1997): Depressionen im Alter. Steinkopff-Verlag, Darmstadt

Riederer, P., Laux, G., Pöldinger, W. (Hrsg.) (1992): Neuropsychopharmaka. Allgemeine Grundlagen der Pharmakopsychiatrie. Springer-Verlag, Wien, New York

Wächtler, C., Hirsch, R.D., Kortus, W. (Hrsg.) (1996): Demenz. Die Herausforderung. Verlag Egbert Ramin, Singen

Wittchen, H.-U., Saß, H., Zaudig, M., Koehler, K. (1992): Diagnostisches und Statistisches Manual Psychischer Störungen DSM-III-R. Beltz Verlag, Weinheim, Basel

Die folgenden Anregungen können von jeder Sozial-Station mit eigenen Erfahrungen ergänzt und verändert werden.

Allgemeine Ziele der Maßnahmen

- ❖ Patientin fühlt sich verstanden.

- ❖ Patientin nimmt notwendige Hilfe an.

- ❖ Patientin wird nicht überfordert.

- ❖ Patientin wird nicht unterfordert.

Allgemeine Hinweise

- ❖ Fragen Sie bei der Patientin und den Angehörigen nach aktuellen oder früheren Interessen.

- ❖ Finden Sie heraus, auf was die Patientin stolz ist oder war.

- ❖ Beziehen Sie diese Erkenntnisse in Ihre Arbeit mit ein.

- ❖ Halten Sie der Patientin ihre Fehlhandlungen nie vor Augen.

- ❖ Sprechen Sie immer mal wieder ehrliches Lob aus.

- ❖ Falls Sie zu wenig Zeit haben, sprechen Sie mit der Station über die Notwendigkeit einer Stundenerhöhung.

- ❖ Denken Sie daran, dass überforderte Patienten nervös, ängstlich oder aggressiv reagieren.

Verwirrtes Verhalten

Orientierungslosigkeit

Verhalten Patientin	Mögliche Reaktion
⟨?⟩ *Patientin erscheint ständig verwirrt.*	❖ Gestalten Sie möglichst jeden Tag gleich.
	❖ Denken Sie daran, dass auch eine verwirrte Patientin viele Fähigkeiten hat.
	❖ Beachten Sie, dass diese Fähigkeiten innerhalb eines Tages und an verschiedenen Tagen unterschiedlich sein können.
	❖ Vermeiden Sie unbedingt Eile und Zeitdruck für sich und die Patientin.
	❖ Denken Sie daran, dass bei verwirrten Menschen Stressfreiheit wichtiger ist als Sauberkeit.
	❖ Berühren Sie die Patientin oft, wenn sie es mag.
	❖ Stellen Sie möglichst nur Fragen, die mit ja oder nein beantwortet werden können.
	❖ Sprechen Sie in kurzen Sätzen.
	❖ Geben Sie immer nur eine Information auf einmal.
	❖ Loben Sie die Patientin.
	❖ Kritisieren Sie die Patientin keinesfalls, wenn sie etwas nicht versteht oder falsch gemacht hat.
	❖ Bieten Sie oft zu trinken an.

- ❖ Verändern Sie die Wohnung nicht (außer Stolperstellen beseitigen usw.).

- ❖ Suchen Sie mit der Patientin Stammplätze für wichtige Dinge.

- ❖ Lachen Sie so oft wie möglich mit der Patientin (nicht über sie).

- ❖ Dokumentieren Sie Ihr Vorgehen.

◈ *Patientin ist manchmal nachts verwirrt.*

- ❖ Geben Sie der Patientin das Abendbrot so spät wie möglich (nach 19:00 Uhr).

- ❖ Sorgen Sie für viele Zwischenmahlzeiten.

- ❖ Stellen Sie etwas zu essen und zu trinken ans Bett.

- ❖ Versuchen Sie, ob anregende Getränke wie Kaffee oder Cola der Patientin helfen durchzuschlafen (paradoxe Reaktion).

Verstecken und Verpacken

Verhalten Patientin	Mögliche Reaktion
◈ *Patientin versteckt alles, was ihr wichtig ist.* *Patientin ist ständig am Suchen.*	❖ Versuchen Sie keinesfalls der Patientin nachzuweisen, dass sie die Sachen selbst versteckt hat. ❖ Sagen Sie der Patientin, dass Sie es auch schlimm finden, wenn etwas Wichtiges verschwindet. ❖ Bieten Sie der Patientin an, gemeinsam zu suchen.

- ❖ Finden Sie heraus, wo die gängigen Verstecke sind und dokumentieren Sie diese.

- ❖ Bringen Sie Dinge, die Sie für die Arbeit brauchen, an Plätze, die für die Patientin unerreichbar und unsichtbar sind.

⬦ *Patientin vergisst die Verstecke und beschuldigt Sie oder andere des Diebstahls.*

- ❖ Versuchen Sie der Patientin keinesfalls nachzuweisen, dass sie selbst die gesuchten Dinge verlegt hat.

- ❖ Diskutieren Sie nicht mit der Patientin.

- ❖ Hören Sie sich die Beschuldigungen kurz an.

- ❖ Fragen Sie die Patientin, was weggekommen ist.

- ❖ Sagen Sie der Patientin, dass es ärgerlich sein muss, wenn plötzlich etwas verschwindet.

- ❖ Bieten Sie der Patientin an, gemeinsam zu suchen.

- ❖ Machen Sie der Patientin Vorschläge, wo das Gesuchte sein könnte.

- ❖ Falls sich die Patientin nicht beruhigen lässt, verabschieden Sie sich und sagen Sie der Patientin wann sie wieder kommen.

- ❖ Dokumentieren Sie die Vorwürfe und informieren Sie die Station.

Horten

Verhalten Patientin	Mögliche Reaktion
◈ *Patientin hortet Seifen, Nahrungsmittel, Windeln, Verpackungsmaterial usw.*	❖ Lassen Sie der Patientin ihre Angewohnheit. ❖ Bringen Sie Dinge, die Sie für die Arbeit brauchen mit oder an einen Platz, der für die Patientin unerreichbar und unsichtbar ist. ❖ Falls die Verstecke geräumt werden müssen (Tiere), fragen Sie die Patientin, was weggeworfen werden kann. ❖ Bieten Sie der Patientin „Tauschgegenstände" an für die Dinge, die weggeworfen werden müssen. ❖ Falls der Zustand der Wohnung gesundheitlich bedenklich wird, sprechen Sie mit der Station über die Einschaltung des Gesundheitsamtes.

Essen wegwerfen

Verhalten Patientin	Mögliche Reaktion
◈ *Patientin wirft Essen weg oder verkramt es.*	❖ Bringen Sie jeweils nur die Tagesration mit. ❖ Bleiben Sie bei der Patientin, bis diese anfängt zu essen. ❖ Dokumentieren Sie, was Sie eingekauft haben und wieviel die Patientin gegessen hat. ❖ Sorgen Sie dafür, dass Sie immer einen kleinen Geldbetrag, z. B. DM 10,- haben, um im Notfall etwas einzukaufen.

◇ *Patientin hat Angst,*
sie müsse verhun-
gern.

❖ Zeigen Sie der Patientin, wo die Nahrung ist.

❖ Versichern Sie der Patientin, dass Sie immer für Essen sorgen.

❖ Geben Sie der Patientin die Nummer der Station, mit dem Hinweis, dass sie dort anrufen kann, wenn sie Sorgen hat.

Nicht essen und nicht trinken

Verhalten Patientin	Mögliche Reaktion

◇ *Patientin isst und*
trinkt nicht.

❖ Wenn Patientin abnimmt und zuwenig trinkt, informieren Sie den Nerven- oder Hausarzt.

❖ Finden Sie heraus, ob die Patientin vergisst zu essen.

❖ Falls ja, bleiben Sie unbedingt bei der Patientin, bis sie genügend gegessen und getrunken hat.

❖ Sorgen Sie dafür, dass immer etwas zu trinken und zu essen sichtbar und griffbereit steht.

❖ Sorgen Sie für geöffnete Flaschen und für kleine mundgerechte Häppchen.

❖ Versichern Sie sich, dass die Patientin mit dem Besteck und dem Geschirr soweit wie nötig umgehen kann.

❖ Versichern Sie sich, dass die Zähne der Patientin in Ordnung sind und sie kauen kann.

❖ Falls Sie zuwenig Zeit haben, informieren Sie die Station.

Zeitlich falsch orientiert

Verhalten Patientin	Mögliche Reaktion
◈ *Patientin verwechselt die Tage. Patientin weiß Datum und Uhrzeit nicht.*	❖ Stellen Sie der Patientin möglichst keine Fragen, die sie nicht beantworten kann.
	❖ Erwähnen Sie die richtige Zeit und das Datum beiläufig.
	❖ Finden Sie heraus, ob die Patientin Interesse an Zeitinformationen hat.
	❖ Falls ja, fragen Sie die Patientin, wie sie sich früher das Datum gemerkt hat (Kalender, Zeitung, TV).
	❖ Knüpfen Sie bei Ihrem Training an den früheren Gewohnheiten an.
	❖ Sorgen Sie für aktuelle Zeitungen.
	❖ Sorgen Sie für einen Kalender (Abreißkalender oder Tischkalender).
	❖ Bringen Sie Uhren und Kalender gemeinsam mit der Patientin auf den aktuellen Stand.
	❖ Machen Sie ein tägliches Ritual daraus.
	❖ Wenn die Patientin nach dem Datum/der Uhrzeit fragt, schauen Sie gemeinsam nach.
◈ *Patientin kann sich Termine nicht merken.*	❖ Falls die Patientin verschiedene Termine zu beachten hat, schreiben Sie diese in den Kalender und lesen die Information mit der Patientin.
	❖ Lassen Sie die Patientin alte Informationen und vergangene Tage durchstreichen.

❖ Besprechen Sie mit der Patientin die heute an-
stehenden Aktivitäten.

❖ Falls die Patientin nervös, müde oder ärgerlich
wird, beenden Sie das Training und machen an
einem anderen Tag weiter.

Vergesslichkeit

Verhalten Patientin	Mögliche Reaktion
	❖ Versuchen Sie, jeden Tag gleich zu gestalten.
	❖ Stellen Sie der Patientin möglichst keine Fragen, die sie nicht beantworten kann.
	❖ Schreiben Sie wichtige Informationen für die Patientin auf.
	❖ Lassen Sie die Patientin selbst aufschreiben, falls sie in der Lage ist.
	❖ Geben Sie immer nur eine Information. Beseitigen Sie alte Zettel.
◈ *Patientin vergisst, dass sie Hilfe bekommt und klagt trotz regelmäßiger Besuche, dass sie immer alleine sei.*	❖ Erklären Sie der Patientin, bevor Sie gehen, wann wieder jemand kommt.
	❖ Schreiben Sie der Patientin auf (z. B. im Kalender), wann wieder jemand kommt.

⟨?⟩ Patientin ordnet schriftliche Informationen falsch ein (z. B. Patientin mit Orientierungsproblemen geht alleine aus dem Haus, weil im Kalender ein Arztbesuch vermerkt ist).

❖ Falls die Patientin wiederholt schriftliche Informationen falsch einordnet, beenden Sie das Training.

❖ Geben Sie keine Informationen zur Zukunft.

❖ Besprechen Sie mit der Patientin nur das, was jetzt gerade aktuell ist.

❖ Bitten Sie die Patientin, nichts alleine zu unternehmen.

❖ Sagen Sie der Patientin immer wieder, dass Sie für alles sorgen.

⟨?⟩ Patientin vergisst, wer Sie sind.

❖ Stellen Sie sich der Patientin immer wieder neu vor.

❖ Informieren Sie die Patientin, woher und warum Sie kommen.

❖ Schreiben Sie Ihren Namen auf einen Zettel.

❖ Suchen Sie eine „Eselsbrücke" zu ihrem Namen. „Mein Name ist Christel, wie die Christel von der Post" o. ä.

❖ Beschreiben Sie der Patientin Situationen, die Sie gemeinsam erlebt haben.

⟨?⟩ Patientin fragt immer dasselbe.

❖ Falls Sie Geduld haben, geben Sie die gewünschte Antwort.

❖ Falls Ihre Geduld am Ende ist, schreiben Sie die Antwort dann auf einen Zettel.

❖ Lenken Sie die Patientin ab oder übergehen Sie die Fragen für eine Zeit.

- ❖ Antworten Sie wieder, wenn Sie wieder Geduld haben.

⬦❓ *Patientin weint über ihre Vergesslichkeit.*

- ❖ Berühren oder streicheln Sie die Patientin und sagen Sie ihr, Sie verstehen ihre Traurigkeit.

- ❖ Versichern Sie der Patientin, dass Sie ihr helfen.

- ❖ Machen Sie möglichst jeden Tag alles in der gleichen Reihenfolge.

- ❖ Suchen Sie mit der Patientin feste Plätze für wichtige Dinge.

- ❖ Falls die Patientin gerne über früher spricht, tun Sie das so oft wie möglich.

- ❖ Sprechen Sie mit dem Arzt oder Nervenarzt, falls die Traurigkeit sehr belastend für die Patientin oder für Sie ist.

Plötzliches Vergessen

Verhalten Patientin	Mögliche Reaktion
⬦❓ *Plötzliches Vergessen wie technische Geräte und Schlüssel funktionieren (Kann z. B. nach einem Krankenhausaufenthalt vorkommen).*	❖ Beruhigen Sie die Patientin und bieten Sie ihr an, mit ihr zu üben.
	❖ Üben Sie immer nur kurz, aber möglichst jeden Tag.
	❖ Sobald die Patientin nervös wird, brechen Sie die Übung ab und machen zu einem anderen Zeitpunkt weiter.
	❖ Drängen Sie die Patientin nicht.
	❖ Üben Sie nur, was die Patientin selbst will.

◈ **Patientin hat vergessen, wie mit dem Schlüssel umzugehen ist.**	❖ Üben Sie mit der Patientin, welcher Schlüssel ins Schloss passt.
	❖ Markieren Sie die Schlüssel und das Schloss mit dem gleichen Sticker oder mit den gleichen Farben.
	❖ Lassen Sie die Patientin auswählen.
◈ **Patientin hat vergessen, wie der Türöffner funktioniert.**	❖ Üben Sie, wie der Türöffner funktioniert.
	❖ Markieren Sie den Knopf, um zu öffnen, mit einem sichtbaren oder fühlbaren Sticker.
	❖ Prüfen Sie, ob die Patientin das Klingeln hören und richtig einordnen kann, also nicht mit dem Telefon verwechselt.
◈ **Patientin hat vergessen, wie die Kaffeemaschine/Herd/ Waschmaschine funktioniert.**	❖ Üben Sie mit der Patientin Schritt für Schritt, wie die Maschine funktioniert.
	❖ Markieren Sie die „0" deutlich sicht- und fühlbar.
	❖ Bitten Sie die Patientin, die Maschinen nur zu bedienen, wenn Sie da sind.
	❖ Falls die Patientin eingeschaltete elektrische Geräte vergisst auszuschalten, schrauben Sie die Sicherungen heraus.
	❖ Informieren Sie die Station/die Angehörigen.
	❖ Dokumentieren Sie, welche Sicherungen Sie ausgedreht haben und wo diese zu finden sind.

Herumirren

Verhalten Patientin	Mögliche Reaktion
◇ *Patientin irrt herum*	❖ Informieren Sie Ihre Station und den Arzt über Weglauftendenzen.
	❖ Berühren und beruhigen Sie die Patientin.
	❖ Bieten Sie etwas zu trinken und zu essen an.
	❖ Geben Sie der Patientin möglichst keine Informationen zur Zukunft, wie z. B. morgen ist ein Arzttermin.
◇ *Patientin findet Toilette in der eigenen Wohnung nicht.*	❖ Lassen Sie die Toilettentür offen stehen.
	❖ Bringen Sie zusätzlich ein großes „00"-Zeichen oder ein Bild mit einer Toilette an.
	❖ Lassen Sie die Patientin das Bild aussuchen.
◇ *Patientin packt die Koffer.*	❖ Korrigieren Sie die Patientin nicht.
	❖ Fragen Sie die Patientin, wohin sie reisen möchte und mit welchem Verkehrsmittel.
	❖ Sprechen Sie mit der Patientin kurz über ihr Ziel.
	❖ Bieten Sie der Patientin zunächst Hilfe beim Packen an.
	❖ Beginnen Sie dann langsam mit anderen Tätigkeiten.

◈ *Patientin verlässt die Wohnung und will „nach Hause".*	❖ Korrigieren Sie die Patientin nicht.
	❖ Falls Sie Zeit haben, begleiten Sie die Patientin.
	❖ Beobachten Sie, ob sie wieder zurückfindet.
	❖ Falls Sie wenig Zeit haben, haken Sie die Patientin unter und fangen mit ihr ein Gespräch an.
	❖ Fragen Sie z. B. „Ist es da schön, wo Sie hinwollen, wie weit ist das weg usw.?"
	❖ Lenken Sie die Patientin ab und steuern den Weg zur Wohnung an.
◈ *Patientin verlässt die Wohnung, wenn sie allein ist.*	❖ Besorgen Sie ein Armband für die Patientin, in dem eine Kontakttelefonnummer (z. B. Polizei) eingraviert ist oder verstauen Sie in Handtasche, Manteltasche usw. Zettel mit der Telefonnummer von der nächsten Polizeistation.
	❖ Informieren Sie die Polizei und geben Sie dort Adressen an, wohin die Patientin gebracht werden kann.
	❖ Deponieren Sie bei einer geeigneten Stelle einen Schlüssel.
	❖ Bitten Sie die Nachbarn, die Patientin wieder zurück zur Wohnung zu bringen, falls sie einen Ausflug bemerken.
	❖ Informieren Sie die Nachbarn, dass sie die Patientin kurz auf ihrem Weg begleiten sollen, sie dann ablenken, zurück zur Wohnung bringen und ihr etwas zu trinken geben sollen.
	❖ Dokumentieren Sie Ihr Vorgehen.

Situationen verkennen

Verhalten Patientin	Mögliche Reaktion
◈ *Patientin sucht Personen (Mutter, Ehemann), die schon tot sind. Patientin bereitet Essen für Personen, die schon tot sind.*	❖ Widersprechen Sie nicht. ❖ Berühren Sie die Patientin. ❖ Fangen Sie ein Gespräch an über den erwarteten Menschen, z. B. „Was haben Sie Schönes zusammen erlebt?" ❖ Fragen Sie die Patientin, ob sie Sehnsucht nach ihrer Mutter/ihrem Ehemann hat. ❖ Versichern Sie der Patientin, dass Sie jetzt für sie da sind. ❖ Lenken Sie die Patientin ab. ❖ Bieten Sie der Patientin etwas zu trinken und zu essen an.
◈ *Patientin bereitet Essen für Personen /z. B. Kinder von denen Sie wissen, dass sie bestimmt zu diesem Zeitpunkt nicht kommen.*	❖ Loben Sie die Patientin für ihre Fürsorge. ❖ Sagen Sie der Patientin, Sie seien sicher, dass die erwarteten Personen irgendwann kämen, aber wahrscheinlich nicht heute, da sie z. B. arbeiten müssten. ❖ Falls die Patientin bei ihrer Überzeugung bleibt, widersprechen Sie nicht. ❖ Lenken Sie die Patientin ab und sagen Sie ihr, Sie bleiben jetzt für eine gewisse Zeit bei ihr und kommen auch wieder. ❖ Falls möglich, informieren Sie die erwarteten Menschen.

Patientin hält Sie für ihre Mutter oder Tochter.	❖ Berühren Sie die Patientin.
	❖ Denken Sie daran, dass die Patientin Ihnen damit zeigt wie vertraut Sie ihr sind.
	❖ Widersprechen Sie ihr nicht.
	❖ Fragen Sie die Patientin, ob Sie der Mutter/Tochter ähnlich sehen.
	❖ Sagen Sie der Patientin beiläufig, wer Sie sind und warum Sie da sind.

Informationen nicht einordnen können

Verhalten Patientin	Mögliche Reaktion
	❖ Lassen Sie sich viel Zeit mit der Patientin.
	❖ Machen Sie lieber weniger und was Sie tun dafür ohne Eile.
Patientin weiß nicht was z. B. waschen oder Zähneputzen bedeutet.	❖ Sorgen Sie dafür, dass Sie und Ihre Kolleginnen die Abläufe immer gleich gestalten.
	❖ Benennen Sie den kleinsten Schritt des Vorgehens und machen Sie eine entsprechende Handbewegung, z. B. geben Sie der Patientin den Waschlappen in die Hand und zeigen ihr die Waschbewegungen.
	❖ Machen Sie entsprechende Handbewegungen, z. B. Zahnputzbewegungen.
	❖ Geben Sie der Patientin die Zahnbürste in die Hand, bitten Sie die Patientin den Mund zu öffnen und führen Sie die Hand der Patientin mit der Zahnbürste an den Mund.

Verhalten Patientin	Mögliche Reaktion
◇ *Patientin sagt immer nein, wenn ihr vorgeschlagen wird, etwas zu tun, z. B. sich anzuziehen.*	❖ Denken Sie daran, dass die Patientin den Sinn Ihrer Information vielleicht nicht versteht. ❖ Versuchen Sie der Patientin ohne viel Worte zu helfen. ❖ Benennen Sie ganz konkret, was sie gerade tun. „Ich helfe Ihnen mal die Knöpfe zu öffnen". ❖ Suchen Sie nach Codewörtern. ❖ Dokumentieren Sie diese.

Anhänglichkeit

Verhalten Patientin	Mögliche Reaktion
◇ *Patientin ist plötzlich sehr anhänglich.* *Patientin will Sie nicht gehen lassen, klammert sich an Sie, wenn Sie gehen wollen.*	❖ Falls die Situation ungewöhnlich ist und Sie beunruhigt, informieren Sie die Station und den Arzt. ❖ Fragen Sie die Patientin, ob sie Angst hat und vor was. ❖ Fragen Sie die Patientin, was ihre Angst mindern würde. ❖ Versuchen Sie, den Vorschlag der Patientin umzusetzen. ❖ Sagen Sie der Patientin, wann wieder jemand kommt. ❖ Besprechen Sie die Notwendigkeit nach mehr Kontakt mit Ihrer Station.

Ängstlichkeit

Verhalten Patientin	Mögliche Reaktion
◇ *Patientin hat plötzlich Angst, allein in der Wohnung zu bleiben*	❖ Informieren Sie die Station und den Arzt. ❖ Nehmen Sie Körperkontakt auf. ❖ Sagen Sie der Patientin, Sie werden dafür sorgen, dass wieder alles gut wird. ❖ Fragen Sie die Patientin, was passiert ist.
◇ *Patientin wirkt ungewöhnlich ängstlich, äußert diffuse Ängste, erscheint unsicher.*	❖ Fragen Sie die Patientin, was passieren müsste, damit die Angst weggeht. ❖ Versuchen Sie, den Vorschlag der Patientin umzusetzen. ❖ Halten Sie alle Anforderungen von der Patientin fern. ❖ Sorgen Sie für eine reizfreie Umgebung (kein TV, Radio).

Wahnvorstellungen

Akustische/optische Wahrnehmungen

Verhalten Patientin	Mögliche Reaktion
⟡ *Patientin hört Stimmen, Musik, Klopfen o. ä.*	❖ Informieren Sie den Haus- oder Nervenarzt. ❖ Versuchen Sie nicht, der Patientin den Wahn auszureden. ❖ Versichern Sie der Patientin, dass Sie ihr glauben und dass dieser Zustand schlimm sein muss.
⟡ *Patientin sieht andere Menschen in der Wohnung. Patientin fühlt sich verfolgt.*	❖ Sagen Sie der Patientin, Sie werden sich darum kümmern, dass sich die Situation bessert. ❖ Falls die Patientin Sie fragt, ob Sie auch etwas hören oder sehen, sagen Sie der Patientin, Sie selbst bemerken nichts, aber aus Erfahrung wüssten Sie, dass Menschen unterschiedliche Dinge wahrnehmen können. ❖ Fragen Sie die Patientin, ob sie Angst hat oder sich bedroht fühlt. ❖ Fragen Sie die Patientin, was Sie tun könnten, damit sie sich sicher fühlt. ❖ Versuchen Sie die Vorschläge der Patientin umzusetzen. ❖ Lenken Sie die Patientin dann mit Hausarbeit ab. ❖ Achten Sie darauf, dass die Patientin gut sieht und hört.

❖ Sorgen Sie für Hörgerät und Brille.

❖ Falls die Patientin oft alleine ist, sprechen Sie mit der Station ob Ihre Stunden erhöht werden können.

◇ *Patientin bittet Sie darum die Polizei zu holen.*
Patientin holt regelmäßig die Polizei, weil sie sich bedroht fühlt.

❖ Reden Sie der Patientin ihre Idee nicht aus.

❖ Versuchen Sie zunächst, die Patientin wie oben zu beruhigen.

❖ Falls das nicht möglich ist, lassen Sie die Patientin die Polizei holen.

❖ Falls Sie ohne Beisein der Patientin mit der Polizei sprechen können, informieren Sie die Polizei über die Krankheit.

❖ Bitten Sie den Kontaktbereichsbeamten, regelmäßig Kontakt zur Patientin zu halten.

❖ Denken Sie daran, dass das Wichtigste ist, dass die Patientin beruhigt wird, auch wenn die Polizei „umsonst" kommt.

Vergiftungsängste

Verhalten Patientin	Mögliche Reaktion
◇ **Patientin meint Essen sei vergiftet und weigert sich zu essen.**	❖ Informieren Sie den Haus- oder Nervenarzt.
	❖ Widersprechen Sie der Patientin nicht.
	❖ Sagen Sie der Patientin, dass Sie ihre Angst ernst nehmen.
	❖ Fragen Sie die Patientin, wie das Essen sein müsste, damit sie diese Angst nicht hätte.
	❖ Bieten Sie der Patientin an, ihr Lieblingsessen gemeinsam zuzubereiten.
	❖ Kaufen Sie verschlossene Speisen und Getränke.
	❖ Lassen Sie die Patientin alles selbst öffnen.
	❖ Lesen Sie mit der Patientin das Verfallsdatum.
	❖ Bieten Sie an Vorkoster zu sein.

Depressive Verstimmungen

Schwindelgefühle

Verhalten Patientin	Mögliche Reaktion
◈ *Patientin klagt über Schwindel.* *Patientin steht wegen Schwindel nicht auf.* *Patienten verlässt wegen Schwindel das Haus nicht.*	❖ Fragen Sie den Arzt, ob der Zustand medizinisch bereits abgeklärt ist. ❖ Erinnern Sie die Patientin daran, sich langsam zu bewegen. ❖ Drängen Sie die Patientin zu nichts. ❖ Üben Sie das Aufstehen und Rausgehen langsam, z. B. zuerst nur bis zum Briefkasten gehen, dann nach und nach weitere Wege. ❖ Achten Sie darauf, dass sich die Patientin immer nur eine Sache vornimmt. ❖ Besprechen Sie mit der Station, ob eine Blutdruckkontrolle durchgeführt werden soll. ❖ Loben Sie die Patientin und machen Sie ihr Mut.
◈ *Patientin macht Medikamente (z. B. gegen Depressionen) für Schwindel verantwortlich.*	❖ Ermutigen Sie die Patientin, mit dem Arzt über ihre Bedenken zu sprechen. ❖ Sprechen Sie mit der Patientin darüber, für was die Medikamente gut sind.

Appetitlosigkeit

Verhalten Patientin	Mögliche Reaktion
◈ *Patientin klagt über Appetitlosigkeit. Patientin behauptet immer, sie habe schon gegessen.*	❖ Ermutigen Sie die Patientin, in Ihrem Beisein zu essen. ❖ Lassen Sie die Patientin entscheiden, was sie essen möchte. ❖ Dokumentieren Sie, wieviel die Patientin gegessen hat. ❖ Sprechen Sie mit dem Arzt und der Patientin eine minimale Kalorien- und Flüssigkeitszufuhr ab. ❖ Falls Sie zu wenig Zeit haben, sprechen Sie mit der Station über die Notwendigkeit einer Erhöhung.

Gedrückte Stimmung

Verhalten Patientin	Mögliche Reaktion
◈ *Patientin ist schwermütig und ständig in gedrückter Stimmung.*	❖ Achten Sie auf eine gute Beleuchtung in der Wohnung. ❖ Sagen Sie der Patientin, dass schwere Verstimmungen behandelt werden können. ❖ Schlagen Sie einen Besuch beim Haus- oder Nervenarzt vor. ❖ Fragen Sie die Patientin, ob sie etwas über depressive Verstimmungen lesen möchte. ❖ Besorgen Sie in der Station (oder beim Nervenarzt) eine Broschüre zum Thema „Depressionen"

und fordern Sie die Patientin auf, darin zu lesen.

Verhalten Patientin	Mögliche Reaktion
◈ *Patientin äußert Selbsttötungsabsichten.* *Patientin hat einen Abschiedsbrief geschrieben.* *Patientin verabschiedet sich für immer.* *Patientin deutet an, nicht mehr leben zu wollen.*	❖ Sofort Arzt (Notarzt) und Station informieren! Der Arzt muss einschätzen, welche Maßnahmen ergriffen werden sollen. ❖ Achten Sie auf auffälliges Verhalten (Medikamente sammeln) und geben Sie Ihre Beobachtungen an den Arzt weiter.

Sich nichts zutrauen, jammern, antriebslos sein

Verhalten Patientin	Mögliche Reaktion
	❖ Erwarten Sie keine schnellen Veränderungen. ❖ Sagen Sie keinesfalls zur Patientin, sie solle sich zusammennehmen oder ähnliches – der Wille der Patientin ist krank. ❖ Sagen Sie nicht, dass es anderen noch schlechter geht. ❖ Denken Sie daran, dass Patienten mit depressiven Verstimmungen Schwierigkeiten haben, Entscheidungen zu treffen.

◇ *Patientin sagt bei allem, das könne sie nicht. Sie sei zu krank.*	❖ Sagen Sie der Patientin, es müsse schlimm sein, wenn man sich so fühlt.

◇ *Patientin sagt bei allem, das könne sie nicht. Sie sei zu krank.*

❖ Sagen Sie der Patientin, es müsse schlimm sein, wenn man sich so fühlt.

❖ Sagen Sie der Patientin, dass sie selbst aber am besten einschätzen kann, was heute für sie möglich ist und was nicht.

❖ Sagen Sie der Patientin, Sie wollen ihr helfen, die Situation etwas zu verbessern.

❖ Achten Sie darauf, dass die Patientin sich immer nur eine Sache vornimmt.

❖ Führen Sie die Patientin in kleinsten Schritten wieder an Tätigkeiten heran (z. B. Geschirr auf den Tisch stellen).

❖ Falls die Patientin immer ablehnt, sagen Sie ihr, sie solle sich melden, wenn sie sich wieder beteiligen kann.

◇ *Patientin nimmt sich zuviel vor, fühlt sich dann überfordert und wird tatenlos.*

❖ Versichern Sie der Patientin immer wieder, dass sie sich keinesfalls zwingen soll, sondern nur die Aufgaben übernehmen soll, die sie sich gerade zutraut.

❖ Loben Sie die Patientin auch für kleinste Fortschritte.

❖ Falls die Patientin die Fortschritte selbst nicht sieht, versuchen Sie sie nicht davon zu überzeugen.

❖ Bieten Sie der Patientin an, regelmäßig kurz etwas zu tun, was ihr Spaß macht (Kreuzworträtsel, Zeitung lesen).

❖ Beenden Sie das Training, wenn Sie merken, dass sich die Patientin bemüht, aber scheitert.

- ❖ Führen Sie mit der Patientin Gespräche über früher.

- ❖ Finden Sie heraus, auf was die Patientin stolz war/ist.

- ❖ Planen Sie gemeinsam etwas, was die Patientin früher gerne gemacht hat.

- ❖ Denken Sie daran, dass sich die Patientin krankheitsbedingt manchmal nicht an Abmachungen halten kann.

- ❖ Denken Sie daran, dass Sie die Erfolge von gestern nicht für heute voraussetzen können.

- ❖ Falls Sie sehr frustriert mit der Patientin sind, wechseln Sie sich mit Kolleginnen ab.

Patientin sagt jeden Tag, heute ginge es ihr noch schlechter als gestern.

- ❖ Bevor Sie zur Patientin gehen, erinnern Sie sich selbst daran, was die Patientin wahrscheinlich sagen wird.

- ❖ Versuchen Sie, die Patientin nicht vom Gegenteil zu überzeugen.

- ❖ Fordern Sie die Patientin auf, mit ihrem Arzt, möglichst Nervenarzt, darüber zu sprechen.

Verarmungs- und Schuldgefühle

Verhalten Patientin	Mögliche Reaktion
◇? *Patientin grübelt und macht sich Vorwürfe, weil sie früher einen Fehler gemacht hätte.*	❖ Informieren Sie den Haus- oder Nervenarzt. ❖ Sprechen Sie bei jedem Kontakt nur kurz mit der Patientin über das, was sie beschäftigt. ❖ Bieten Sie an, Kontakt zur Sozialarbeiterin/zum Arzt/Nervenarzt oder einem Pfarrer zu vermitteln.
◇? *Patientin fühlt sich verarmt und denkt, sie könne sich nichts leisten.*	❖ Beruhigen Sie die Patientin und sagen Sie ihr, dass es viele finanzielle Hilfen gibt. ❖ Bieten Sie der Patientin an, einen Kontakt zur Sozialarbeiterin herzustellen. ❖ Fragen Sie die Patientin, ob sie auch Wünsche hat, die nicht mit Geld zu bezahlen sind. ❖ Falls das Grübeln zu Schlafstörungen und Antriebslosigkeit führt, informieren Sie den Arzt.

Schlafstörungen

Verhalten Patientin	Mögliche Reaktion
◇? *Patientin klagt über zu frühes Aufwachen oder Schlafstörungen*	❖ Fragen Sie die Patientin, wie früh sie zu Bett geht. ❖ Planen Sie mit ihr, jeden Abend ein bisschen später zu Bett zu gehen.

❖ Gehen Sie mit der Patientin das Fernseh- oder Radioprogramm durch, um die Abende interessanter zu gestalten.

❖ Machen Sie die Patientin darauf aufmerksam, dass sie tagsüber nicht schlafen sollte.

❖ Besprechen Sie mit der Patientin und Station Aktivitätsmöglichkeiten (Spaziergänge, Tagesstätte).

❖ Bieten Sie der Patientin abends Beruhigungstee oder warme Milch an.

❖ Falls die Schlafstörungen anhalten, informieren Sie den Arzt.

Jammern

Verhalten Patientin	Mögliche Reaktion
❖ *Patientin jammert immer wenn Sie kommen.*	❖ Nehmen Sie sich bei jedem Kontakt vor, eine bestimmt Zeit freundlich zuzuhören.
	❖ Fragen Sie die Patientin, wie Sie ihr helfen können.
	❖ Gehen Sie nur auf realistische Wünsche ein.
	❖ Regen Sie die Patientin an, kleine Tätigkeiten selbst zu übernehmen.
	❖ Loben Sie die Patientin für ihre Versuche.

◇ *Patientin will Sie nicht gehen lassen. Fängt ein neues Gespräch an, wenn Sie gehen wollen.*

❖ Sagen Sie der Patientin gleich zu Beginn, wie lange Sie Zeit haben.

❖ Besprechen Sie beim Abschied mit der Patientin, wann Sie oder Ihre Kollegin wieder kommen.

❖ Lassen Sie die Patientin den nächsten Termin im Kalender eintragen.

Weinen

Verhalten Patientin	Mögliche Reaktion
◇ *Patientin weint und lässt sich kaum beruhigen.*	❖ Falls sich die Patientin nicht beruhigen kann, informieren Sie den Arzt. ❖ Fragen Sie die Patientin, was passiert ist. ❖ Sprechen Sie kurz mit der Patientin darüber, was sie traurig macht. ❖ Wenn dauerhafte Konflikte mit andern Personen der Grund sind, bieten Sie einen Kontakt zur Sozialarbeiterin an.

Allgemeine schwierige Situationen

Beschuldigung

Verhalten Patientin	Mögliche Reaktion
	❖ Informieren Sie die Station und dokumentieren Sie die Beschuldigungen.
⟨?⟩ *Patientin beschuldigt Sie, ihr Geld oder etwas anderes gestohlen zu haben.*	❖ Hören Sie sich die Beschuldigungen kurz an.
	❖ Widersprechen Sie möglichst zunächst nicht.
	❖ Versuchen Sie der Patientin nicht nachzuweisen, dass sie das Geld oder die Wäsche selbst verlegt hat.
	❖ Fragen Sie die Patientin, wieviel Geld oder welche Wäsche weggekommen ist.
⟨?⟩ *Patientin beschuldigt Sie oder andere, absurde Dinge getan zu haben (z. B. alte Wäsche entwendet zu haben).*	❖ Versichern Sie der Patientin, dass Sie es schlimm finden, wenn plötzlich etwas weg ist.
	❖ Sagen Sie der Patientin, Sie wüssten auch nicht, wo das Gesuchte ist.
	❖ Bieten Sie der Patientin an, gemeinsam zu suchen.
	❖ Machen Sie der Patientin Vorschläge, wo das Geld oder die Wäsche sein könnten.
	❖ Dokumentieren Sie übliche Verstecke.

| ◇ Patientin beschuldigt Sie, nach dem Einkaufen Geld entwendet zu haben. | ❖ Legen Sie der Patientin immer eine genaue Abrechnung vor.

❖ Führen Sie ein Haushaltsbuch.

❖ Lassen Sie die Eintragungen von der Patientin abzeichnen.

❖ Wenn die Beschuldigungen anhalten und zu unangenehm werden, tauschen Sie mit einer Kollegin. |

Ablehnung

Verhalten Patientin	Mögliche Reaktion
◇ Patientin lehnt bestimmte Vorschläge ab (z. B. Soll ich Ihnen beim Anziehen helfen?)	❖ Legen Sie die Kleidung, die angezogen werden soll, in der richtigen Reihenfolge für die Patientin bereit. ❖ Wenn Sie merken, dass die Patientin Hilfe braucht, geben Sie ihr die Hilfe nebenbei, ohne viele Worte. ❖ Falls die Patientin bei der Ablehnung bleibt, lassen Sie der Patientin ihren Willen, diskutieren Sie nicht darüber. ❖ Beschäftigen Sie sich zunächst mit etwas anderem und versuchen Sie es später noch einmal. ❖ Dokumentieren Sie, wenn Sie etwas nicht erledigen konnten. ❖ Finden Sie heraus, ob die Patientin auf bestimmte Codeworte positiv reagiert. ❖ Dokumentieren Sie diese Codeworte.

Vernachlässigung der Körperpflege

Verhalten Patientin	Mögliche Reaktion
◇ *Patientin vernachlässigt die Körperpflege.*	❖ Schauen Sie sich gemeinsam mit der Patientin alte Fotografien an.
	❖ Falls Patientin sich früher geschminkt hat bzw. die Haare schön hatte usw., motivieren Sie die Patientin dazu, das wieder zu tun.
	❖ Bieten Sie ihr Unterstützung an.
	❖ Loben Sie die Veränderungen.
	❖ Vermitteln Sie der Patientin einen Friseur- und Fußpflegetermin.
	❖ Nehmen Sie einzelne Anlässe (Arztbesuch) als Motivation.
◇ *Patientin zieht sich morgens nicht an.*	❖ Suchen Sie mit der Patientin Kleider heraus und legen Sie sie in der richtigen Reihenfolge bereit.
	❖ Führen Sie Tage ein, an denen das Anziehen besonders wichtig ist.
	❖ Loben Sie die Patientin immer, wenn sie sich anzieht.
	❖ Sprechen Sie mit der Patientin darüber, wie wichtig Selbstpflege für das Selbstwertgefühl ist.
◇ *Patientin wäschst sich nicht.*	❖ Sprechen Sie mit der Patientin über Gerüche, die sie gerne mag.
	❖ Bieten Sie der Patientin an, alles im Bad bereit zu stellen, so dass sie sich alleine waschen kann.

❖ Bieten Sie der Patientin an, beim Waschen des Rückens zu helfen oder ein Fußbad zu machen.

❖ Bieten Sie der Patientin an, sie einzucremen.

❖ Bleibt die Patientin ablehnend, vereinbaren Sie für den nächsten Termin einen Waschtag.

◇ *Patientin riecht unangenehm.*

❖ Falls Sie den Geruch in der Wohnung unangenehm finden, fragen Sie die Patientin, ob Sie die Fenster öffnen können, z. B. weil Ihnen heute so warm ist.

❖ Sagen Sie der Patientin, dass für Sie das Thema Körperpflege zur täglichen Arbeit gehört.

❖ Bieten Sie der Patientin an, bei der Körperpflege zu helfen.

Gegeneinander ausspielen

Verhalten Patient	Mögliche Reaktion
◇ *Patientin macht regelmäßig ihre Kollegin bei Ihnen schlecht und umgekehrt.*	❖ Sprechen Sie mit den Kolleginnen ein einheitliches Vorgehen ab.
	❖ Hören Sie sich die Kritik an und bitten Sie die Patientin, ihre Kritik der Kollegin selbst vorzutragen.
	❖ Falls Sie Zeit haben, bieten Sie ein Gespräch zu dritt an.
	❖ Sprechen Sie mit Ihrer Kollegin darüber.

◇ *Eine Kollegin erzählt Ihnen, dass eine Patientin sich über Sie negativ geäußert hat.*	❖ Sagen Sie der Patientin, dass im Kolleginnenkreis alles offen besprochen wird.
	❖ Sagen Sie Ihr, Sie seien offen für realistische Veränderungsvorschläge.
	❖ Bitten Sie die Patientin, ihre Kritikpunkte zu benennen.
◇ *Patientin sagt zu Ihnen, Sie sollen mit ihr Kaffee trinken. Später beschwert sie sich bei Ihrer Kollegin darüber, dass Sie nichts gearbeitet hätten.*	❖ Sagen Sie der Patientin, dass Gespräche manchmal wichtig sind und Sie auch gelegentlich mit ihr Kaffee trinken können.
	❖ Informieren Sie die Patientin darüber, dass Sie Ihre Tätigkeiten in die Dokumentation schreiben, auch das Kaffeetrinken auf ausdrücklichen Wunsch der Patientin.
	❖ Schreiben Sie in der Dokumentation auf, dass Sie auf ausdrücklichen Wunsch der Patientin heute miteinander gesprochen und Kaffee getrunken haben.
	❖ Sprechen Sie Ihr Vorgehen mit den Kolleginnen und der Station ab.
◇ *Patientin fordert immer mehr von Ihnen und betont, Sie seien ihre liebste Hauspflegerin.*	❖ Erklären Sie der Patientin gleich, wenn Sie kommen, wieviel Zeit Sie für sie haben.
	❖ Sagen Sie der Patientin, dass Sie sich über die Anerkennung der Arbeit freuen.
	❖ Drücken Sie der Patientin gegenüber aus, dass Sie bei ihr die Arbeit genauso machen, wie bei Ihren anderen Patienten auch.

⟨?⟩ *Sie wollen die Patientin motivieren, zum Waschen aufzustehen. Die Patientin sagt dann, dass Ihre Kollegin sie immer im Bett waschen würde.*

❖ Schauen Sie in der Dokumentation nach.

❖ Erklären Sie der Patientin, Sie würden ihr gerne bei allem helfen, was sie nicht kann.

❖ Sagen Sie ihr, sie solle Tätigkeiten, die sie kann, möglichst oft auch selbst machen, da diese sonst verlernt werden.

❖ Falls Sie den Eindruck haben, die Patientin hat heute einen schlechten Tag, lassen Sie ihr ihren Willen.

❖ Sprechen Sie mit den Kolleginnen ein einheitliches Vorgehen ab.

❖ Dokumentieren Sie Ihr Vorgehen, z. B. wenn Sie die Patientin nicht zum Waschen außerhalb des Bettes bewegen konnten.

Unkontrolliert essen

Verhalten Patientin	Mögliche Reaktion
⟨?⟩ **Patientin isst alles sofort auf.**	❖ Diskutieren Sie möglichst nicht mit der Patientin.
	❖ Bringen Sie immer nur Tagesrationen mit – falls möglich.
	❖ Kaufen Sie kalorienarme Nahrung, Obst und zuckerfreie Getränke.
	❖ Dokumentieren Sie die Einkäufe.
	❖ Dokumentieren Sie, wieviel die Patientin in Ihrer Gegenwart gegessen hat.
	❖ Deponieren Sie das Essen, das nicht gleich verzehrt werden soll, an ungewöhnlichen Orten.

❖ Dokumentieren Sie, wo das Essen ist.

❖ Falls Sie keine Zeit haben, täglich zur Patientin zu kommen, sprechen Sie mit der Station über die Notwendigkeit einer Erhöhung der Stundenzahl.

Hilfe ablehnen

Verhalten Patientin	Mögliche Reaktion
⟨?⟩ *Patientin lehnt Hilfe ab.* *Patientin sagt, sie kann alles allein. Patientin überschätzt eigene Möglichkeiten.*	❖ Loben Sie die Patientin für ihre Selbständigkeit. ❖ Sagen Sie ihr, wie wichtig auch Sie selbst Unabhängigkeit finden. ❖ Fragen Sie die Patientin, ob Sie ihr bei Verrichtungen helfen könnten, die sie zwar allein bewältigen kann, die aber zu zweit einfacher sind. ❖ Betonen Sie bei der Patientin, dass Sie Gast bei ihr sind und sie immer bei allem informiert und gefragt wird. ❖ Lassen Sie die Patientin entscheiden, z. B. „Soll ich zuerst staubsaugen oder abwaschen?" ❖ Falls die Patientin dennoch Hilfe ablehnt, führen Sie bei 2 – 3 Treffen nur ein Gespräch mit ihr. Wenn die Patientin Ihnen dann vertraut, können Sie kleine Hilfestellungen anbieten. ❖ Dokumentieren Sie Ihr Vorgehen und sprechen Sie Ihr Vorgehen mit der Station/den Angehörigen ab.

Rückzug wegen nachlassender Sinnesorgane

Verhalten Patientin	Mögliche Reaktion
◇ *Patientin zieht sich zurück, weil sie schlecht hört oder schlecht sieht.*	❖ Sorgen Sie für angepasste Seh- und Hörhilfen (Hörgeräte, optische Klingelverstärker, Kopfhörer für TV, beleuchtete Lupe). ❖ Betonen Sie bei der Patientin, dass Ihnen der Austausch mit ihr wichtig ist. ❖ Sorgen Sie dafür, dass sie bei jedem Besuch einige Sätze austauschen. ❖ Achten Sie darauf, dass die Patientin ihren Mund sieht, wenn Sie sprechen. ❖ Sagen Sie der Patientin, sie solle sich bemerkbar machen, wenn sie etwas nicht verstanden hat. ❖ Schreiben Sie wichtige Mitteilungen mit dicken Filzstiften auf große Zettel.

Bewegungsdrang

Verhalten Patientin	Mögliche Reaktion
◇ *Patientin hat einen unkontrollierten Bewegungsdrang. Patientin steht immer wieder unvermittelt auf und geht ziellos umher.*	❖ Informieren Sie den Nerven- oder Hausarzt. ❖ Sagen Sie der Patientin, dass sie den Bewegungsdrang nicht unterdrücken soll. ❖ Sagen Sie der Patientin, dass Sie das herumgehen nicht stört. ❖ Gehen Sie mit der Patientin spazieren. ❖ Fordern Sie die Patientin auf, mit dem Arzt darüber zu sprechen.

* Nutzen Sie den Bewegungsdrang für Aktivitäten wie Staubwischen oder Spazierengehen.

* Falls sich Nachbarn über das ständige Gehen beschweren, erklären Sie die Ursachen.

Verlangsamung

Verhalten Patientin	Mögliche Reaktion
Patientin ist zunehmend verlangsamt. Patientin kann Hände wegen Steifheit kaum benutzen.	* Informieren Sie den Nerven- oder Hausarzt. * Regen Sie die Patientin nach Absprache mit dem Arzt an, sich mit Ihrer Unterstützung zu bewegen. * Sprechen Sie mit dem Arzt über eine Krankengymnastik.

Kein Überblick über Finanzen

Verhalten Patientin	Mögliche Reaktion
Patientin kann ihre Finanzen oder Post nicht mehr überblicken.	* Informieren Sie Ihre Station. * Bieten Sie einen Kontakt zur Sozialarbeiterin an. * Informieren Sie die Sozialarbeiterin.

Mundtrockenheit

Verhalten Patientin	Mögliche Reaktion
◈ *Patientin klagt über einen zu trockenen Mund.*	❖ Besorgen Sie der Patientin Bonbons oder Kaugummi. ❖ Sorgen Sie für genügend Getränke. ❖ Bitten Sie die Patientin, mit ihrem Arzt darüber zu sprechen.

Verweigerung der Medikamente

Verhalten Patientin	Mögliche Reaktion
◈ *Patientin möchte Medikamente nicht nehmen.*	❖ Informieren Sie Ihre Station und den Arzt. ❖ Bitten Sie die Patientin, mit ihrem Arzt über ihre Abneigung zu sprechen. ❖ Überlassen Sie der Patientin möglichst viele Aufgaben beim Medikamentenstellen (ausdrücken, Dosette füllen lassen usw.). ❖ Reden Sie beim Medikamentenstellen über die Wirkungen. ❖ Bitten Sie den Arzt, die Medikamente so zu verordnen, dass Sie bei der Einnahme dabei sein können. ❖ Geben Sie die Medikamente nicht heimlich.

Aggressivität

Verhalten Patientin	Mögliche Reaktion
	❖ Falls das Verhalten der Patientin Ihnen Angst macht, verlassen Sie die Wohnung und informieren Sie die Station.
⟨?⟩ *Patientin ist aggressiv mit Worten.*	❖ Fragen Sie die Patientin, ob sie verärgert ist und ob Sie etwas dagegen tun können.
	❖ Bitten Sie die Patientin mit ruhiger Stimme, freundlich zu sein.
	❖ Falls die Patientin aggressiv bleibt, verlassen Sie die Wohnung und sagen Sie ihr, wann Sie wiederkommen.
	❖ Informieren Sie die Station und dokumentieren Sie Ihr Vorgehen.
	❖ Falls die Patientin beim nächsten Mal freundlich ist, sprechen Sie nicht weiter über die Vorfälle.
	❖ Falls die Patientin weiter aggressiv bleibt, informieren Sie die Station und den Arzt.
⟨?⟩ *Patientin wird handgreiflich.*	❖ Verlassen Sie sofort die Wohnung und informieren Sie die Station.
	❖ Nehmen Sie beim nächsten Termin eine Kollegin oder einen Zivi mit.
	❖ Besprechen Sie, ob in nächster Zeit ein männlicher Kollege zur Patientin gehen kann.
	❖ Falls die Patientin aggressiv bleibt, besprechen Sie mit der Station, ob der Sozialpsychiatrische Dienst eingeschaltet werden soll.

Suchtprobleme

Verhalten Patientin	Mögliche Reaktion
◇ **Patientin bittet Sie, Alkohol einzukaufen.**	❖ Informieren Sie den Haus- oder Nervenarzt.
	❖ Kaufen Sie möglichst keinen Alkohol.
	❖ Sprechen Sie Ihr Vorgehen mit der Station ab.
	❖ Sorgen Sie dafür, dass immer alkoholfreie Getränke verfügbar sind.
	❖ Falls die Patientin nach Bier verlangt, bringen Sie alkoholfreies Bier mit.
	❖ Falls die Patientin Liköre verlangt, bringen Sie süße Säfte mit.
◇ **Patientin ist abhängig von Medikamenten**	❖ Informieren Sie den Haus- oder Nervenarzt.
	❖ Besorgen Sie nur vom Arzt verordnete Medikamente.
	❖ Informieren Sie die Station.
	❖ Bitten Sie die Sozialarbeiterin, mit der Patientin Kontakt aufzunehmen, z. B. zur Vermittlung von Gruppen für Anonyme Alkoholiker, Gruppen für Medikamentenabhängige usw.
	❖ Bitten Sie die Station, mit dem Sozialpsychiatrischen Dienst Kontakt aufzunehmen.